AF453676

L'ERREUR

D'UN MOMENT;

OU LA SUITE DE JULIE;

COMÉDIE.

L'ERREUR

D'UN MOMENT,

OU LA SUITE DE JULIE;

COMÉDIE

MÊLÉE D'ARIETTES ET EN UN ACTE,

PAR M. MONVEL;

Représentée pour la première fois le 14 Juin 1773.

La Musique est de M. Des Aides.

Le prix est de 24 sols.

A PARIS,

Chez la Veuve DUCHESNE, Libraire, rue Saint-Jacques, au-dessous de la Fontaine S.-Benoît, au Temple du Goût.

M. DCC. LXXIII.

Avec Approbation & Privilége du Roi.

ÉPITRE

DÉDICATOIRE,

A MONSEIGNEUR

EMMANUEL-FÉLICITÉ DE DURFORT DURAS, Duc de DURAS, Pair de France, Prince de Bournonville, Chevalier des Ordres du Roi, & de la Toison d'Or, Lieutenant-Général des Armées de Sa Majesté, Premier Gentilhomme de la Chambre, Gouverneur, pour le Roi, du Comté de Bourgogne, Gouverneur Particulier des Ville & Citadelle de Besançon, &c.

MONSEIGNEUR,

L'indulgence que le Public a montrée pour cette petite Comédie

m'a causé la joie la plus sensible:
la permission que vous m'avez
donnée de vous la dédier a mis le
comble à mon bonheur. Ma
position, mon état peuvent me
rendre suspect de quelques vues
intéressées ; mais tous ceux qui
seront assez heureux pour vous
connoître, Monseigneur, rendront
justice au motif qui me détermine.
C'est aux vertus de votre âme,
c'est aux qualités de votre
esprit que je présente l'hommage
le plus juste & le mieux mérité.
Votre modestie ne me permet
pas d'entrer dans un détail plus

circonstancié ; mais pourroit-elle me défendre de vous assurer des sentimens respectueux & sinceres, du dévouement & du zèle avec lesquels j'ai l'honneur d'être très-parfaitement,

MONSEIGNEUR,

Votre Très-humble, & très-obéissant Serviteur, BOUTET DE MONVEL.

A iv

L'ERREUR
D'UN MOMENT,
OU LA SUITE DE JULIE;
COMEDIE.

SCENE PREMIÈRE.

CATAU, *seule.*

(Elle est assise, travaille, & berce avec le pied un petit enfant couché dans un berceau.)

CHANSONNETTE.

Faut d'la vartu , pas trop n'an faut ;
L'excès partout est un défaut.
Alix étoit la femme à Blaise,
Blaise étoit itou son mari ;
Près d'elle, il étoit tout de braise ,
Elle avoit toujours l'air transi.
Faut d'la vartu , &c.

Alix difoit, j'fis vartueufe;
Des galans j' m'en défendons bien.
Blaife difoit, t'es ben heureufe,
Et, pourtant, ne jurons de rien.
Faut d'la vartu, &c.

Un jour, la nuit, la v'là qui rêve
Qu'un drôle en veut à fon honneur :
Tout en courroux, la v'là qui s'leve
Et tombe fu'Blaif'de tout fon cœur.
Faut d'la vartu, &c.

En s'éveillant, excufe, dit elle,
Si je t'avons un peu frotté :
Mais j'te prouve, à coups d'efcabelle,
Jufqu'où va ma fidélité.
Faut d'la vartu, &c.

Je rêvois qu'on vouloit me faire outrage.
Eh ben ! dit Blaife, le grand malheur !
Par la jarni, n'fois plus fi fage;
Et mais, voyez, queu chien d'honneur !
Faut d'la vartu, &c.

(*Elle leve le rideau qui couvre le berceau.*)

Il eft bian endormi. Allons, faut appretais
l'déjeunnais d'Lucas.... C'pauv'cher homme ! de
d'puis l'point du jour, il eft d'bout. Voyons

queulle heure es' qu'il eſt au Soleil.... (*Elleregarde par la fenêtre.*) Faut qu'i ſoit huit heures... I r'vianra biantôt... (*Elle fait un ſaut de joie.*) Le v'là qui va r'venir ? (*Elle ouvre une armoire.*) Ous' donc qu'eſt l'lait... Ah ! le v'là... Il aimera p't'et' mieux du fruit?.. V'là du pain & du fruit.... (*Elle ſe tourne du côté de la porte.*) Lucas ! Lucas ! r'vians bian vîte, ej't'en prie, j'meurs ed' faim & d'envie de t'voir... (*On entend chanter dans le lointain.*) Ah ! jarni, l'cœur me bat... Comme i' bat... C'eq' c'eſt li..... J'l'entends.... I chante.... I n'ia q'li qui chante com' ça. (*Elle va pour courir à la fenêtre & s'arrête.*) Eh du vin ! A quoi s'donc q'j'ai la tête?.. Il aura chaud, ç'pauv' cher homme, faut bian un coup d'vin. (*Elle prend dans l'armoire une bouteille recouverte d'oſier.*)

SCENE II.

LUCAS, CATAU.

CATAU, *courant à bras ouverts au-devant de Lucas.*

AH ! te v'là...

LUCAS, *l'embraſſant.*

Oui, morgué, me v'là & toi auſſi... Noús v'là

tous deux. M'semb' q't'es plus jolie encor d'puis. ç'matin... R'bais'moi...

CATAU.

Oh ! tant q'tu vouras.

LUCAS, *montrant du doigt le berceau de son fils.*

Et ce p'tit gas... Com' es' qui s'porte.

CATAU.

Bian, fort bian, i dort.

LUCAS, *soulevant le rideau qui le couvre.*

Et d'un bon sommeil encor. Tians, r'garde ; m'est avis qu'i rêve à queuq' chose de drôle, car i rit.

CATAU, *en riant.*

T'es' aussi enfant q'li... Allons, vians, laisse-le.. (*Lucas baise son fils.*) Vians donc, tu l'réveilleras...

LUCAS.

N'gronde pas, ma p'tite femme, j't'aime ed tout mon cœur... Comment v'là l'dejeunais tout prêt?... Gnia q'toi pour penser à tout.

CATAU.

Et si, je n'pense qu'à toi.

LUCAS, *se mettant à table.*

Es', q'tu vas m'laisser là tout seul comme un pauvre abandonné ?

CATAU, *s'asseyant.*

Ça n's'rait pas mauvais... J't'ons attendu dà, j'n'ons d'appetit qu'avec toi.

LUCAS, *lui donnant du fruit.*

Tians, ma p'tite Catau.

CATAU.

Marci.... as-tu été au Châtiau ç' matin ?

LUCAS.

Non... Pourquoi ?

CATAU.

Pour rian... M. de Saint-Alme viant s'prome-
ner souvent par ici... Q't'en semb' ?

LUCAS.

D'puis queuq' temps, il y viant plus que d'cou-
teume, c'est vrai.

CATAU.

Madame n'y viant pas si souvent q'li.

LUCAS.

Dam' c'est qu'alle n'aime pas la promenade autant q'son mari... Et pis sa santé n'est pas encor
bian farme... I gnia pas long-temps qu'alle a
baillé à M. de Saint-Alme un p'tit pompon qu'est
morgué presque aussi genti que l' nôtre.

CATAU, *en soupirant.*

Ste bonne Mamselle Julie !....

LUCAS.

T'as l'air ed' la plaindre ?... Alle est aussi heureuse eq' nous, alle a épousé ç' qu' alle aimoit.

CATAU.

J' l'ai vue Dimanche au Châtiau, alle avoit l'air bian triste.

LUCAS.

Bah ! t'as rêvé ça.

CATAU.

Je m' fis p' t'et' trompée.

LUCAS.

Je n' sommes pas tristes nous.

CATAU.

Oh! jarni, j' n'engendrons pas d' mélancolie.... J' n'avons encor eu d'puis deux ans que j'sommes mariés d'aut' peine... Et c'est la plus sensib' ! q'la mort d' mon pauvre pere...

LUCAS.

Ah! çà, veux-tu bian n' pas penser à ça : i gnia pas de r'mede & ça t' rend malade toute-fois q't'y songes... Ma p'tite Catau... Ma p'tite femme.... Allons, allons... Tians, chantons; ça chassera l'nuage qui viant d'passer.

CATAU.

Je l'veux bian... Quoiq' tu veux chanter ? Stella q' jons apprise du Maît' d'Hôtel de M. de Saint-Alme ?

LUCAS.

Va... Tu sçais bian que j' ne r'cule jamais.

CHANSON.

LUCAS.

Sentir avec ardeur,
Flamme discrette,
C'est le bonheur
Du cœur.
Entends - tu, Brunette,
L'écho qui répète :
Sentir avec ardeur , &c.

CATAU.

Annette répond à cela,
Oui-dà, oui-dà,
Ç'a s' dit com' ça.
Mais l'Amour ne s'en tient pas-là :
Il va,
Grand pas,
On n' l'arrêt' pas.
Une voix secrette,
Tout bas me répète : &c.

LUCAS.

Pour prix de son tourment,
L'espoir de plaire,
Rend un Amant
Content.
Tu peux , sans mystere,
Souffrir que j'espere ;

Puisque , dans son tourment,
L'espoir , &c.

CATAU.

Annette répond à cela ,
Oui-dà,
Oui-dà,
Ç'a s' dit com' ça.
Mais l'Amour , quand on en est là,
S'en va
Grand pas ,
Et ne r'vient pas.
Une voix secrette,
Tout bas me répète :
Oui-dà,
Oui dà , &c.

LUCAS.

Heureux de son lien,
L'Amant qui presse,
Quand il est bien,
S'y tient.
J'aimerai sans cesse,
Ma belle Maitresse :
Puisque, dans son lien, &c.

D U O.

CATAU.	LUCAS.
J ne dit mot à cela.	Bon ça.
LUCAS.	*ENSEMBLE.*
Oui-dà?	Faut en v'nir là.
CATAU.	Une voix secrette,
Oui-dà?	Tout bas me répète :
LUCAS.	Oui-dà, oui dà,
Ç'a s' fait com' ça :	On se défend en vain de ça :
On se défend en vain de ça.	Sans ça
CATAU.	Rien n'va :
J' sens ça.	Faut en venir-là.

C A T A U.

(Après le Duo Lucas se leve & Catau l'arrête par le bras.)

Oùq' tu vas ? Aux champs ?

L U C A S.

Non, j' n'irons que s't'après midi... J' vas cheux Mathurin.

C A T A U.

Quoi faire ?

L U C A S.

Tu n'sais donc pas que l' feu a pris cette nuit à la grande métairie qu'est à deux portées d' fusil d' not' Village...

CATAU.

CATAU.

Bon !

LUCAS.

Oui, i f'foit du vent, & la grange de ç'pauvre Mathurin, qu'eft tout auprès, n'eft plus qu'un monceau d'cendres ; ça li fait tort, car i n'eft pas riche : j'vas li offrir l'argent qu'j'ons r'tiré d'nos foins.

CATAU, *ferrant fon mari entre fes bras.*

Ah ! Lucas !

LUCAS.

Eh ! non, morgué, c'eft tout fimp' ; es' qu'i' n' faut pas s'aider ?

CATAU.

Va, not' homme... va... faut t'dépêcher.

LUCAS, *fouillant dans l'armoire, & prenant une bourfe de cuir.*

V'là not' tréfor.

CATAU.

Il eft bian p'tit.

LUCAS.

Ma fine, c'eft à-peu-près tout ç'que j'avons..... mais il en vianra d'autre. Adieu, not' femme.

CATAU.

Adieu, Lucas. N'tarde pas.

B

SCENE III.

CATAU, *seule.*

Oh ! j'fis bian sûre qu'i r'vianra l'plutôt qu'i pourra. (*Elle range tout ce qu'elle avoit apprêté pour le déjeûner.*) I sait bian que je sis ici toute seule... Toute seule ! Oh ! nenni dea ! (*En montrant le berceau.*) Et mon p'tit marmot donc ? Est-ç'que ne v'là pas compagnie ?

ARIETTE.

Dans mon cœur
Un doux frémissement s'élève au nom de mère :
Ah ! Lucas, je t'ai rendu père,
Et je sens bien que je te suis plus chère
Depuis ce bonheur.

Que de soins ! mais qu'ils sont touchans !
Il faut les prendre avec constance :
Le Ciel mit notre récompense
Dans l'amitié de nos enfans.

Dans mon cœur, &c.

SCENE IV.

CATAU, LA FLEUR.

LA FLEUR.

Bon jour, Madame Catau.

CATAU.

Vot' farvante, Monfieur d'la Fleur. Queu bon vent vous amene envars ici ?

LA FLEUR.

Monfieur le Comte, notre Maître, n'eft pas venu au hameau ce matin ?

CATAU.

Monfieu d'Saint-Alme ?

LA FLEUR.

Et qui donc ?

CATAU.

Vous l'cherchais ?

LA FLEUR.

C'eft que je fais bien qu'il fe promene le matin, & qu'il aime ce côté-ci.

CATAU.

Mais j'en parle, moi ; & Monſieur le Comte
s'en r'ſouviant bian, li.

LA FLEUR.

Sans doute… C'eſt particulier, le plaiſir qu'a
Monſieur de Saint Alme à s'entretenir avec vous,
Madame Catau.

CATAU.

C'eſt bian d'l'honneur pour moi.

LA FLEUR.

Mais avez-vous bien compris tout ce qu'il vous
a dit ?

CATAU.

Autant qu'eun' bonne villageoiſe comme moi
peut comprenre el' langage que parlont les gros
Monſieux ; car, voyez - vous, Monſieur d'la
Fleur, j'ſais ça, moi; Lucas m'a mis dans l'ſe-
cret. I gnia à la ville tout plein d'grands mots
qui n'diſont rian, dont l'z'honnêtes gens s' ſar-
vont pour n'êt' pas entendus, & qu'on paye en
ripoſtant par ed' belles paroles qui ne ſignifient
pas davantage, ſi ben qu'après la d'mande & la
réponſe, on n's'eſt rian dit.

LA FLEUR.

Monſieur le Comte a cependant le talent d'êtr e

intelligible. Mais il prétend que votre aspect lui en impose ; vous avez un certain air...

CATAU.

Oh ! j'fis toute bonne ; & d'vant Monseigneur je m'mainquiens dans l'respect.

LA FLEUR.

Le respect ne vaut pas le diable , il est froid comme la glace. Le respect ! c'est la mort du plaisir ; & voilà pourquoi vous n'entendez pas tout ce que vous dit Monsieur le Comte.

CATAU.

Ç'n'est pas ma faute si j'fis bornée.

LA FLEUR.

Madame Catau, avez-vous jamais lû quelques livres ?

CATAU.

Un peu , mais pas guères ; car j'n'avons pas biaucoup l'tems d'lire , & les liv' que j'avons n' font pas récréatifs.

LA FLEUR.

Et sur le papier volant... là... de ces choses qui font écrites... à la main... sur le papier... En avez-vous lû ?

CATAU.

Comme des chansons, pas vrai ? Oui... Lucas

m'en rapporte ed' la ville ; i l's'écrit lui-même, ça fait que j'les déchiffrons d'tout not' cœur.

LA FLEUR, *lui présentant un billet doux plié selon l'usage.*

Eh bien ! déchiffrez cela.

CATAU, *prenant le poulet, & l'examinant en riant.*

Qu'euqu'c'eſt que ce p'tit tortillon là ?...

LA FLEUR.

C'eſt un billet de Monſieur de Saint-Alme, liſez, liſez : adieu.

(La Fleur s'enfuit précipitamment, ferme la porte après lui ; Catau le rappelle, ouvre la porte, & lui crie :)

CATAU.

Monſieur d'la Fleur... Monſieur d'la Fleur... je n'veux pas d'vot' papier d'écriture... Monſieur d'la Fleur...

SCENE V.

CATAU, *seule*.

Il est déjà bien loin.... Ah ! c'est donc tout de bon !

ARIETTE.

Non, disois-je toujours,
Non, c'est lui faire outrage.
Si tendre amant n'est point mari volage ;
Il ne sauroit trahir sa femme & ses amours.

Dans notre ardeur
Quelle différence !
Lucas ne pense
Qu'à faire mon bonheur.
L'hymen n'a point changé son tendre cœur ;
Je suis sûre de sa constance.

SCENE VI.

LUCAS, CATAU.

LUCAS, *avec un reste de saisissement, & comme quelqu'un qui a pleuré de joie.*

Je r'vians d'cheux Mathurin, j'lons trouvé, j'l'y ons parlé, j'ons baclé not' affaire.

CATAU.

Ça li a fait plaisir, n'es' pas ?

LUCAS.

Et à moi donc ? Tians, j'en ons encor les larmes aux yeux. L'maît' d'la farme est, comme tu sais, un homme dur & avare ; Mathurin a été se j'ter à ses pieds, y li a conté son malheur ; el méchant n'a voulu rian entendre ; i li a dit que c'étoit sa faute, & qui n'li f'rait point d'grace, qu'i falloit qu'i payât ou qu'i disît pourquoi. Ç'pauv' Mathurin est r'venu chez li l'cœur déchiré ; j'y fis arrivé un moment après. J'ons trouvé sa femme qui l'tenoit embrassé & qui sanglotoit qu'ça f'soit pitié. Leux trois p'tits enfans étiont là qui pleuriont itou d'voir pleurer leux pere & leux mere. N'faut pas s'chagriner, leux ai-je fait ; t'nez, mes amis, v'là l'argent d'nos foins, farvez-vous-en ; vous me l'rendrez l'année prochaine, fi la récolte eft bonne. Ç'pauv' Mathurin, fembloit quafi que je l'reffufcitois ; i n'difoit rian, mais fon vifage erluifoit de joie, maugré qu'i pleurât toujours. La femme es' tenoit coite, les enfans me r'gardoient avec des yeux... avec des yeux qui t'auroient fait envie. Je n'fonnions mot ni l'z'uns, ni l'z'autres, ... & v'là qu'tout d'un coup y s'font l'vés par enfemble & s'font j'tés fus moi, le mari à mon cou, la femme fus mes deux mains, les enfans à mes jambes qui ferriont d'toutes leux forces, en criant tretous... Lucas ! Lucas !... i n'en pouviont pas dire plus, tant y pleuriont d'fatisfaction ; & j'n'ons pas eu la force ed parler davantage, car j'avions l'cœur oppreffé du témoignage ed'leux joie & du plaifir d'en êt' la caufe.

C A T A U.

Parguenne, ej'crois bian qu'ça t'a touché ; tu contes ça ed' magniere que j'fis toute émue. Lucas, faut que ç'foit un grand bien d'rendre farvice ; d'y penfer feulement ça fait plaifir.... A propos, j'ons eu eune belle vifite pendant qu't'étais dehors.

L U C A S.

Et d'qui ?

CATAU.

D'Monſieu d'Lafleur, l'valet-de-chambre d'M.
l'Comte. Oh ! c'eſt un garçon bian ſarviab' auſſi,
que ç'M. d'Lafleur.

LUCAS.

Queu ſarvice es'qui t'a donc rendu ?

CATAU.

Quian, v'là un p'tit morceau d'écriture qui te
l'dira.

LUCAS.

Jarnigué ! comm' c'eſt affiſtolé. N'an s'eſt donné
bian du mal à chiffonais ç'papier-là. Tu ne l'as
donc pas lu ?

CATAU.

J'ons queuque doutance de ç'qui renfarme ;
faut que je l'liſions enſemble.

LUCAS.

Voyons donc pour voir ç'qu'al' chante, ç't'écri-
ture-là... Oh, oh ! gnia pas d'ſeing ; c'eſt d'queu-
quun qui n'dit rian d'bon, car i n'ſe nomme pas.

CATAU.

N'faut pas charcher l'queuqu'un bian loin. C'eſt
d'Monſieux d'Saint-Alme.

LUCAS.

Ah ! v'la du nouviau, par exemp'... Lis toi-
même... c'eſt toi qu'ça r'garde.

D U O.

*(Catau s'arrête en rougissant aux derniers mots
de chaque phrase. Lucas les lit par-dessus l'é-
paule de sa femme.)*

C A T A U.

Votre beauté, jeune & tendre...

L U C A S.

        Catau.

C A T A U.

Doit plaire à tout le monde.
Vainement je cherche à la ronde,
Vous êtes l'objet

L U C A S.

     Le plus beau.

C A T A U.

Auprès de vous mon respect est extrême;
Je veux vous dire mon secret,
Je soupire & reste muet.
Il faut enfin parler... C'est vous... c'est vous...

L U C A S.

        Que j'aime.

C A T A U.

Par un doux & juste retour
Couronnez

L U C A S.

    Ma vive tendresse

CATAU.

De mes biens devenez maitreſse,
Et payez l'amour …

LUCAS.

        Par l'amour….
Et je ſouffrirai cet outrage ?
Non ; je n'écoute que ma rage.

CATAU.

Ah ! Lucas ! Lucas ! calme-toi.

LUCAS.

Non , je veux … j'irai … laiſſe-moi.
Je ſouffrirois un tel outrage !
Non , qu'il craigne tout de ma rage.

CATAU.

Ne pourrai-je appaiſer ta rage ? …
Non , mépriſons un tel outrage.

CATAU, *effrayée*.

Lucas !

LUCAS.

J'ſis un fou….. mais j't'aime ,… ça m'a
été ſenſib'. N'crains rien , va , je n'f'rons pas
d'extravagance ; j'ſis trop ſûr ed'toi. C'eſt un
étourdi , c'eſt un eſçarvelé ; j'ſis un homme
droit , t'es eune honnête femme , je l'ferons
rougir juſqu'au fond d'lâme , d'avoir voulu nous
d'z'honorer tous deux. Ach'vons ce beau chef-
d'œuvre.

(*Il prend la lettre des mains de Catau, & lit :*)

Pour vous convaincre de ma flamme,
J'aurois befoin d'un moment d'entretien.
On peint de vive voix le trouble de fon âme,
Mais on ne l'écrit jamais bien.
La Fleur eft un garçon fidèle ;
Si vous n'ofez vous fier à fon zèle,
Pour lui dire en quel lieu, comment je puis vous voir,
Vous écrivez, je le fais ; une lettre
Peut, jufques dans mes mains, aifément fe remettre
Et détruire à jamais, ou combler mon efpoir.
Adieu, chere Catau. Songez, je vous fupplie,
Que je puis tout pour vous, que j'aime avec ardeur;
Puiffe, pour moi, l'amour difpofer votre cœur,
Comme il a mis en vous le bonheur de ma vie.

V'là qu'eft bian écrit. C'eft tant feulement dommage d'imaginais d'fi belles chofes, pour tourmenter l'z'aut' & s'd'z'honorer foi - même. S'i m'venoit jamais l'efprit d'êt' auffi corrompu qu'ça ; fi j'prenais jamais du papier & eun' pleume pour griffonner eun' pareille fcéléra-teffe, j'fouhaitons, morgué, q'ma main féche com' el' figuier q'j'ons coupé hier.

C A T A U.

Que ferons-je, Lucas ? v'là qu'eft fini d'abord, i'va m'parfécuter ; & quand la rage du défef-poir li prendra, quoi qu'i n'fra pas pour fe venger ?

LUCAS.

N'faut pas perdre el' fang - froid, & j'nous chagrinons mal-à-propos; i gnia à parier, qu'c' n'eft qu'eun' p'tite fantaifie. Ces gens-là avont fouvent l'cœur moins chaud q'la tête. Monfieur d'Saint-Alme à des fentimens d'honneur, j'li en ons vu du moins. On n'chang' pas com'ça en eun tour ed main. I gnia d'la r'fource avec l'i… faut li réponde.

CATAU.

Tu t'gauffes ed'moi.

LUCAS.

Faut li répond' amicalement, n'rian dir' qui le rebute, t'comporter anvars li avec honnêteté & douceur, & m'laiffer l'foin du refte; d'queuq'façon q'ça torne, j'ons l'bon droit d'not' côté, j'pouvons aller tête levée, j'n'avons rian à craindre. Allons, boute-toi-là; v'là du papier, eun' pleum' & d'l'encre… écris.

CATAU.

Mais, queuq'tu veux donc qu'j'écrive? J'n'ons rian à dire.

LUCAS.

Si fait bian, moi… mais faut me contraindre… jarni ! pourquoi faut-i qu'il y ait des

LUCAS.

» J'ons vu d'fus c'papier q'vous m'aimez.....

CATAU.

Eh mais, Lucas ! fi j'ons bian d'viné ça, l'refte va d'fuite.

LUCAS, *appuyant.*

» J'ons vu d'fus ç'papier q'vous maimez,
» queu bonté à vous ! vous devez un jour êt'
» not' maître, & c'eft eun grand bonheur pour
» nous, qui fommes vos vaffaux, d'avoir eun'
» p'tite part dans l'amiquié d'eun aufli magni-
» fique Seigneur.

CATAU.

J'fis déroutée, i n'parle pas d'amiquié ; c'eft d'l'amour qu'i jette en avant.

LUCAS.

T'es eune brave femme. I gnia à parier que s'i t'connoiffoit bian, i' n'auroit pour toi que d'l'amiquié, & qu'i n'te parleroit point d'amour. Faut li répondre fur ce qu'i devrait t'dire, & non pas fur ce qu'i t'dit.

» J'ons, en r'vanch' de s'tamiquié q'vous nous
» portais, Monfieur, pour vous & pour tout
» ce qui vous appartient, eun refpect, eun'
» foumiffion & eune tendreffe, ni pus ni moins

„ comme je les aurions pour nos pere & mere.

C A T A U.

„ Pere & mere.

L U C A S.

„ Faut q'vous ayez queuq' chofe de bien inté-
„ reffant à m'dire, pifque vous voulois m'par-
„ ler en particulier, autant que je peux com-
„ prenre, & j'crois que j'ferons en commodité
„ d'ça, d'fus les midi eun' heure ; not'homme
„ s'ra aux champs. …

C A T A U, *vivement.*

Tu ne s'ras pas là, Lucas ?

L U C A S.

Si fait, … & quand j'n'y s'rais pas, ma p'tit'
Catau, j's'rais tranquille. „ Not' homme s'ra aux
„ champs, & ça m'baillera l'loifir d'vous affeurer
„ de vive voix que j'fis bian r'connoiffante ed
„ vos bontés, Monfieur, & vot' fervante très-
„ humb' & très-refpectueufe,

C A T A U, femme de Lucas.

C A T A U.

Pourquoi met' ça ? il le fait bian.

L U C A S.

Non ; il l'oublie & devrait s'en r'fouvenir.
Donn', j'vas plier l'papier ; ça n' s'ra pas fi bian

chifonné q'ſa Lettre , mais ça n' fait rian : qu'es'
qui la port'ra ç'te Lettre ?...

(*Il regarde par la fenêtre.*)

Jarni , es' que j'aurions la barlue ? V'là Madame Julie & ſa femme-de-chambre.

CATAU.

Madame Julie & Mademoiſelle Louiſon ?
Par ma fine, es'ſont-elles.... alles renvoient leux
domeſtiques....

LUCAS.

Alles prenont le ch'min d'travarſe qui vient
droit ici ; alles ont queuq' doutance de ç'qui
s'paſſe ; all' venont cheux nous pour y ſurprenre
Monſieur de Saint-Alme : va prier un des enfans
de Mathurin d'porter ça à Monſieur d'la Fleur.
J'reſte ici, je r'cevrons not' monde ; je n'ſis pas
fâché d'l'événement, i m'ſarvira.

CATAU.

J'vas cheux Mathurin... i gnia pas loin d'ici au
Châtiau ; ça s'ra biantôt fait.

SCENE VII.

LUCAS, *seul.*

N'FAUT pas avoir l'air de s'douter de rian.....
(*Il prend des branches d'ofier, & s'occupe à les
treffer.*) Chantons; ça aura l'air plus naturel.

CHANSON.

Guillot un jour trouva Lifette
Au milieu d'un Boccage épais;
Je te rencontre enfin feulette,
Et mes vœux feront fatisfaits.
Donne-moi, lui dit-il, Bergere,
Ou laiffe-moi prendre un baifer;
De mes feux c'eft le doux falaire,
Tu ne peux me le refufer.

All' ne v'nont pas !

Un baifer n'eft que politeffe,
On ne refufe pas cela.
Je céde au defir qui te preffe;
Tiens, lui dit-elle, le voilà :
C'eft l'ufage qui me l'ordonne.
L'ufage ! dit-il, eh bien ! foit.
Ce baifer, c'eft lui qui le donne;
Mais c'eft l'Amour qui le reçoit.

A quoi diable es'qu'a' s'amufont.

Embraffe-moi, je t'en fupplie,
Reprit le Berger auffi-tôt.
Quoi! déjà mon baifer s'oublie,
Répondit Lifette à Guillot !
Ma Brunette, peux-tu le croire?
Non, ta méprife me confond.
C'eft bien te prouver ma mémoire,
Que t'en demander un fecond.

SCENE VIII.

JULIE, LOUISON, LUCAS.

LOUISON, *demi-bas à Julie.*

Il n'y a que Lucas... fa femme n'y eft point.

JULIE.

Bon jour, Lucas.

LUCAS.

Ah!... vout' farviteur, Madame la Comteffe;
je n'vous voyais pas, vous m'avais furpris.

LOUISON.

Où donc eft Madame Catau?

LUCAS.

Not' femme? oh! par ma fine, j'n'en fais rian;

all' est quenqu' part dans la forêt : p't'êt' qu'all' ramasse du gland , p't'êt' qu'all' fait queuqu' fagot... P't'êt' ci, p't'êt' ça. Dam'... es' sont l's' affaires du ménage, j'n'y bout' pas l'nez.

LOUISON, *bas*, *à Julie.*

Les affaires du ménage ! Le pauvre homme ! il est dans la bonne-foi.

JULIE.

Y a-t-il long-temps qu'elle est sortie , votre femme ?

LUCAS.

Du d'pis que j'fis rentré.

LOUISON.

Depuis une heure & demie , aux environs ?

LUCAS.

Quand j'fis occupé , l'temps s'passe , je n'compte pas l's'heures.

JULIE.

Vous n'avez pas vu le Valet-de-chambre de Monsieur de Saint-Alme ?

LUCAS.

Non, Madame ; j'nons pas eu ç't'honneur-là.

LOUISON, *bas* , *à Julie.*

La femme n'en diroit pas autant.

JULIE, *bas*, *à Louison*.

Je suis cependant bien sûre qu'il est venu ici.

LOUISON, *de même*.

Et moi donc? J'ai vu Monsieur lui donner la lettre, à ce malheureux la Fleur; j'ai pensé la lui arracher, & le souffleter d'importance.

JULIE, *de même*.

C'est un rendez-vous qu'il lui demandoit. Elle a accepté l'entrevue... Ils sont peut-être à présent ensemble...

LOUISON, *bas*, *& avec vivacité*.

Sortons, Madame; parcourons... Mais comment les trouver dans un bois qui ne finit point? Jarni, si je les rencontrois! je respecte Monsieur le Comte, mais Madame Catau auroit affaire à moi.

JULIE, *bas*, *à Louison*.

Retournons au Château. Nos perquisitions seroient inutiles; & qui sait ce qui résulteroit d'un éclat...! Adieu, Lucas. (*Bas*, *à Louison.*) Il ne faut lui rien dire; il est tranquille... Je ferois son malheur sans remédier à mes peines... (*Haut.*) Adieu, mon pauvre Lucas.

LOUISON, *d'un air bien compatissant.*

Adieu, mon pauvre ami.

LUCAS, *les arrêtant, & se mettant entre elles.*

Ah ! çà, j'vous ai laissé l'eun' & l'aut' vous chuchoter aux oreilles tant qu'vous avais voulu. N'faut déranger parsonne, & j'savons vivre. Mais vous avais du chagrin ; vous êt' venu' ici pour quenqu' chose, vous vous en r'tornez pas pus avancé que quand vous êtes venu' ; v's'en avais la mort dans l'ame, & j'veux, morgué, êt' le médecin d'vot' maladie.

JULIE, *ne pouvant plus retenir ses larmes.*

Ah ! mon pauvre Lucas !

LUCAS.

Vous pleurais... Tant mieux... N'vous gênais pas... Pleurez d'tout vot' cœur, ça soulage. Quand vous aurais fini, vous m'direz la cause ed' vot' chagrin.

JULIE.

ARIETTE.

Un ingrat fait couler mes larmes,
Et ce volage est mon Epoux.
A d'autres yeux, à d'autres charmes
Il rend l'hommage le plus doux.
Hélas je sens que je l'adore !
Ma flamme augmente chaque jour.
Pourquoi faut il qu'on aime encore,
Quand on n'inspire plus d'amour ?

LUCAS.

Ça vous étonne? Gnia rien d'pus simp'. L'eau qui tumbe ed' ste montagne qu'est au milieu d'la forêt, coul'roit bian dou'çment sur un gravier tout uni. All' rencontre ed' gros cailloux, d'vieux troncs d'arbres qui li bouchont l'passage; all' écume, all' gronde, all' veut êt' pus forte que les rochers qui la r'quiennent; c'est un torrent qui brise, qui renvarse, qui entraîne avec fracas tout ç'qui l'gêne, & v'là ç'que c'est qu' l'amour : doux & tranquill' comm' un p'tit ruisseau quand tout va à sa fantaisie; tarrib' & fougueux comme un torrent quand la jalousie l'dépite.

JULIE.

Tu as raison; je suis la plus malheureuse des femmes.

LUCAS.

Et j'ai d'viné à l'air ed' compassion dont vous me r'gardiais, qu'vous m'croyais l'plus malheureux des hommes. Mais i gnia rian d'désespéré. Écoutez-moi. Vous m'avais d'mandé si not' femme étoit sortie de d'puis long-temps? Non, all' sortoit quand vous êt' entré; all' est allée cheux Mathurin, & all' va r'venir; soyais tranquille de ç'côté-là. Monsieur d'la Fleur est v'nu, il a parlé à Catau... Oui... i li a remis eun' lettre... & ç'te lettre eſt d'Monſieur d'Saint-Alme... J'l'ons lûe... all' eſt bian tornée , & douce... Ah ! douce !... J'y ons répondu... Oui, moi... moi...

JULIE.

Que diſoit la Lettre de M. de Saint-Alme?

LUCAS.

Je n' m'en ſouvians plus.... J'oublie ſi vite ç' qui n' fait pas honneur aux gens q' j'aime. I gnia tant ſeul'ment d'ſus s'papier, qu'i veut parler ſeul à ſeul avec ma femme... I li parlera.

LOUISON.

Il lui parlera ?

LUCAS.

Pourquoi pas, j' vous parle bian, moi. Mais ſur la fin d'la converſation je m' boutrai en tiers, car enfin c'eſt bian l'moins qu'on m' conſult' pour un fait où j'ai queuq' intérêt.

LOUISON.

Comment , Lucas ! tu ne vois pas que ta femme....

LUCAS.

Et nannin, nannin, Catau aime toujours ſon Lucas.... Je n' s'rais, morgué, pas ſi tranquille, ſi j' n'en étois bian ſûr.

JULIE.

Que n'en puis-je dire autant? Mais depuis un mois, la froideur, l'indifférence de M. de Saint-Alme ne m'ont que trop convaincue de mon malheur. J'ai fait épier sa conduite, j'ai fait suivre ses pas, j'ai sçu qu'il venoit fréquemment ici; Louison qu'il ne croyoit pas si près l'a vu ce matin donner une Lettre à son Valet de chambre, elle a entendu prononcer le nom de ta femme & je n'ai plus douté de mon infortune.

LUCAS.

Vous n'en avais plus douté? Vous n'connoissais donc pas Catau, vous n' me conaissais donc pas? J' sommes de pauvres gens; mais j'ons d' l'honneur & l' cœur sensib'. J'n'ons jamais pu voir souffrir personne. Qu'un malheureux vianne anvars nous, tant q' j'ons d' l'argent, il est à li. S'il est plus riche eq' nous & qu'i gniait que son cœur en souffrance, j' l'aidons d' nos conseils; &, ventreguenne, ils sont tous bons, car c'est la nature qui nous les donne.

SCENE X.

CATAU, SAINT-ALME.

CATAU, *seule*.

N'FAUT pas mentir, el cœur me bat.... Faut q' j'aimions bian ces gens-là pour nous bailler tant de tintoin.

SAINT-ALME, *entrant*.

J'accours, ma chere Catau.... J'ai reçu votre billet....

CATAU.

Lucas n' fait que d' sortir... I pourrait r'venir sur ses pas.... J' vous quitte un moment... Pour voir d' queu côté es' qu'i torne & j' r'vians vous r'joindre, quand gniaura plus rian à craindre.

SCENE XI.

SAINT-ALME, *seul*.

JE n'en sçaurois douter, elle est sensible à ma tendresse... Je n'aurois pas osé me flatter d'être si-tôt heureux.

ARIETTE.

Je triomphe, Amour ! & son âme
Se rend enfin à mon ardeur.
Non rien n'égale mon bonheur,
Si ce n'est l'excès de ma flâme.

RÉCITATIF.

Quand le devoir céde aux plaisirs,
Quel trouble secret nous agite !
Il parle en vain, l'Amour s'irrite ;
On ne sent plus que ses desirs.

Je triomphe, &c.

SCENE XII.

SAINT-ALME, CATAU.

SAINT-ALME.

Il est donc bien loin, & nous n'avons rien à ap-
préhender ?

CATAU.

Je sis à présent sans inquiétude.

SAINT-ALME.

Souffrez, belle Catau, que je vous remercie de

votre Lettre obligeante. Je ne puis vous exprimer à quel point j'en suis enchanté.

CATAU.

Vous êtes bian bon, i gnia pas d' quoi.

SAINT-ALME.

Je craignois que le billet que vous a remis Lafleur n'effarouchât votre timidité ; j'appréhendois que vous ne le montrassiez à votre mari.

CATAU.

Je m' sis comporté comm' il falloit.

SAINT-ALME.

Aussi ma reconnoissance & ma joie n'ont point de bornes... Mais, ma chere Catau... avez-vous bien compris toutes les expressions de mon billet ?

CATAU.

J' crois q' oui.

SAINT-ALME.

Pourquoi donc dans votre réponse ne me parlez-vous que de l'amitié que j'ai pour vous. Ah ! Catau, dans ma Lettre n'avez-vous vu que de l'amitié ?

CATAU.

C'est biaucoup plus que je n' mérite, Monsieur le Comte.

SAINT-ALME.

Vous méritez d'inspirer tous les sentiments les plus tendres, & l'amour le plus violent ; c'est celui qui m'anime pour vous... Je vous aime, je vous adore... Eh bien... M'entendez-vous à présent ?

CATAU.

C'est plus clair que l' jour.

SAINT-ALME.

A quel sort dois-je m'attendre ?

CATAU.

Vous m'embarassais... I faut répondre & je n' sçais queument m'y prendre.

SAINT-ALME.

Vous ne sçavez... Ah ! *je vous aime*, coute-t-il tant à dire ?

CATAU.

Monsieur, j'ons un mari à qui je l' dis, & vous eun' femme à qui vous d'vais l' dire.

SAINT-ALME.

Ne parlons pas de cela.

CATAU.

I gnia deux ans qu'au vis-à-vis de Mamselle Julie, ç' mot-là vous étoit si doux à prononcer.

SAINT-ALME.

SAINT-ALME.

Je n'en difconviens pas.

CATAU.

Vous avais oublié com' vous vous y preniais pour le dir' à vot' femme , & queu garant es' que j'aurions q' dans fix mois vous n' l'oublieriais pas auffi pour moi. ?

SAINT-ALME.

Tout, votre beauté , la douceur, l'égalité de votre caractere, mon amour enfin dont la violence a furmonté celle de mes remords.

CATAU.

Vous avais des r'mords ; accoutez-les , accoutez-les ; c'eft le Ciel qui vous les envoie.

SAINT-ALME.

Il n'eft plus temps.

CATAU.

Il l'eft toujours.. T'nais, Monfieur d'Saint-Alme, j' gag' q' vot' prope cœur eft eun grimoire pour vous.... Gnia tant d' confufion dans ç' pauvre cœur q' vous n'y voyais goûte, avouais-le.

Premierement d'abord , gnia eun' p'tite fantaifie

D

qui vous dit comme ça honteufement, à voix baffe : aime Catau, alle eft drolette, tâche de li plaire : n'eft-i pas vrai ? Enfuite un bon & honnête reftant d' tendreffe qui vous dit, d'eun' aut' part : fte malheureus' femme qui a pour toi tant d'amiquié d'amour, qu'eft ta femme après tout, & qui vaut mieux q' ta p'tit' villageoife ; qu'es' qui l'aim'ra pour toi ? & par d'fus tout ça, l'e r'mords qui crie : t'as juré d'vant Dieu & d'vant l'z hommes q' tu ferais fidèle à ta moiquié, alle le mérite ; alle a juré comme toi, all' quiant fa promeffe ; mais, vis-à-vis d' toi, gnia farment qui tienne, tu t'en moques, t'es un parjure, un fauffaire, un méchant, un… n'eft-i pas vrai que v'là leux converfation, & com' ej' crions tous à la fois, vous n' favais auquel entendre ?

SAINT-ALME.

Je fuis moins coupable que vous ne vous l'imaginez…. M. de Marfanges, oui, le pere de ma femme, eft la caufe de tout. Eft-ce à mon âge, à vingt-quatre ans, qu'il convient de fe féqueftrer dans une terre, de s'engloutir dans un vieux château ; j'avoue que je n'ai point eu affez de vertu pour réfifter au dégoût, à l'ennui qu'une vie auffi infipide a répandu fur mes jours : tout ce qui m'environne, s'eft reffenti de mon chagrin : tous m'eft devenu à charge, &….

CATAU.

Mais enfin queu r'med' es' que j' puis apportais à vot' mal ?

SAINT-ALME.

Je vais vous l'expliquer… Je vous aime, ma chere Catau, & je veux faire votre fortune.

CATAU.

Ma fortune !

SAINT-ALME.

J'ai déja preſſenti mon beau-père, & je crois qu'il conſentira ſans peine à me laiſſer faire un voyage à Paris : ma femme m'y ſuivra, mais ce n'eſt qu'un foible obſtacle.

CATAU.

Eh bian, Monſieur ?

SAINT-ALME.

Vous partirez quelque temps après nous, & vous viendrez.

CATAU.

A Paris ? & Lucas ?

SAINT-ALME.

Il ne tiendra qu'à vous de lui faire autant de bien que vous voudrez.

CATAU.

I n' s'ra donc pas du voyage ?

SAINT-ALME.

Non, sans doute; il ne faut pas même qu'il sache ce que vous serez devenue : vous partirez secrettement. J'aurai soin que ma femme, que Lucas, que personne du canton ne puisse soupçonner la route que vous aurez prise.

CATAU.

Après ?

SAINT-ALME.

Une fois à Paris..... l'équipage le plus brillant, les domestiques les mieux faits, la maison la plus opulente.... les habits.... les diamans.... les bijoux.....

CATAU.

Oui, tout cela est bien éblouissant, gnia d' quoi, sans doute en perdre la raison ; & je n' dis pas qu'à ma place....

SAINT-ALME.

Ah ! Catau, je t'entends.

CATAU.

Quoi donc ?

SAINT-ALME.

Cette perspective, mes bienfaits.... & mon amour, ont attendri ton cœur, tu te rends, & ce baiser est le serment qui nous lie.

CATAU.

Que faites-vous ?

SCENE XIII, ET DERNIERE.

LUCAS, CATAU, SAINT-ALME.
TRIO.
LUCAS.

T'EMBRASSER malgré toi!

SAINT-ALME.

Eh! calmez votre effroi.

CATAU.

Je suis, je suis tout hors de moi.

SAINT-ALME.

Mais c'est une enfance.

CATAU.

Je n'ai d'autre défense,
Que mon innocence.

LUCAS.

Lui ravir un baiser,
N'est point l'offenser?

SAINT-ALME.

En quoi donc un baiser
Peut-il vous offenser?

CATAU.

Vous deviez le penser:
Oui, oui, c'est m'offenser.

SAINT-ALME.

Eh ! mais en vérité, Lucas, je ne vous comprends point, je lui difois adieu ; je voulois l'embraffer, rien de plus fimple, rien de moins fufpect.

LUCAS.

Vot' adieu, Monfieur, n'eft pas ç'qui m'chagreine ; mais j'fais à quoi m'en t'nir. Vous n'venais fi fouvent vous prom'ner de ç'côté-ci, que parç' que vous avais queuqu' deffein ; & j'lâche el' mot, queuqu' deffein malhonnête.

SAINT-ALME.

Lucas!

LUCAS.

Vous êt' mon Maît' , je l'fais ; je n'fis qu'un pauv' payfan , vot' vaffal ; j'vous dois l'refpect, j'vous l'porte ; mais je n'vous dois point ma femme ; & , morgué, vous n'l'aurez point.

SAINT-ALME.

Mais tu extravagues. Qui te dit que je fonge à ta femme ?... La voilà... m'accufe-t-elle ?...

LUCAS, *tirant de fa poche la Lettre de St.-Alme.*

Vous vous accufais vous-même : v'là la lett' qu'vous li avais écrit', & qu'all' a remis ent' mes mains fans vouloir la lire, tant all' craignoit d'y voir la parfidie qu'all' contiant.

SAINT-ALME.

Ah! Catau, qu'avez-vous fait?

CATAU.

Mon d'voir, Monſieur.

SAINT-ALME.

Rendez-moi cette lettre... rendez-la-moi... ou craignez...

LUCAS.

La voilà... Mais, écoutez-moi.

SAINT-ALME.

Que veux-tu?

LUCAS.

Vous rapp'ler à vous-même ; écoutez-moi, écoutez-moi. Monſieur, i vous ſouviant de cet honnêt' Bucheron, dont j'ai épouſé la fille ? La v'là, all' fait mon bonheur, & , ſi j'puis, toute ma vie je f'rai l'ſien. Il eſt mort, ç'bon pe- re, d'qui j'tiens tout ; je l'pleurerons tant que j'vivrons. Il étoit pauvre pendant ſa vie, & pau- vres il nous a laiſſés après ſa mort. Mais il nous a dit avant d'mourir... Mon fils, mon cher Lucas... ma Catau, ma bien-aimée, j'n'ai que l'ſouvenir d'eun' bonne conduite à vous laiſſer ; j'vous ai baillé un bon exempl' tant qu'j'ons vécu, v'là tout vot' héritage, ſarvez-vous-en. J'n'oublierons.

lis.... C'n'eſt pas un r'proche ; je l'ferions comm' lui pour vous , ſi vous en aviais encore beſoin. Je vous ons tous r'conduits au Châtiau d'Marſanges, vous ſavais combien on y étoit fâché , contre vous : j'ons tant fait par not' zèle , par nos artifices , par nos larmes , qu'j'ons attendri l'père ed' vot' femme ; il a r'connu ſon tort ; vous êtes de-v'nu le mari d'vot' Maitreſſe , j'en ſommes la cauſe. Vous nous diſiais alors : Jamais , jamais , mes bons amis , je n'pourrai m'acquitter envers vous… Et v'là not' récompenſe !.. O Michaut ! vous n'êtes plus ! vous êtes trop heureux ! vous ſeriais mort ed' douleur ! ç't'ingratitude-là vous eût tué !

SAINT-ALME.

Laiſſez-moi… laiſſez-moi…

LUCAS.

Non , Monſieur , vous m'écouterais… il y va d'vot' bonheur & du nôtre….. J'vous aimons , j'vous reſpectons… Not' deſſein n'eſt pas d'vous offenſer… Mais voyais , ſi vous euſſiez réuſſi dans ç'que vous deſiriais , voyais tous les malheurs que vous auriais cauſés. V'là , Monſieur , v'là l'fruit du plus tendre amour ; v'là mon fils , v'là l'ſien ; je l'ons reçu d'la nature pour êt' la joie , l'eſpérance d'not' jeune âge , pour qu'i d'vînt l'appui , la confolation d'not' vieilleffe. J'n'ons qu' li, i n'a qu'nous. Si vous aviais féduit ma femme, fi all' m'avoit abandonné, j'en s'rois mort ed' défefpoir, j'n'aurois pas vécu un moment après la perte ed' mon honneur, après la perte ed' tout ç'que j'aime au monde. En r'nonçant à la vartu, all' eût r'noncé à tous fes d'voirs, all' eût oublié qu'all' étoit mère; & ce malheureux, cet innocent, qui n'a pas d'mandé à naître, s'fût trouvé feul, fans amis, fans parens, fans fecours.

CATAU, *fe jettant fur le berceau.*

Ah! jamais, jamais; mon fils!...

LUCAS.

Et vot' femme, Monfieur, all' fait vot' changement; all' languit dans la peine, all' périt dans l'chagrin; n'croyais pas qu'fa fanté réfifte à tout ç'que vot' infidélité li fait fouffrir; alle mourra d'douleur, & c'eft alors que vous connoîtrais ç' que vous avais pardu... Mais, Monfieur, vous êtes père auffi, vous avais un fils, vous l'aimais... Que li répondrais-vous, à cet enfant fi chéri, quand i vous d'mandera fa mère?... I faudra donc li dire... all' n'eft plus; all' m'aimoir plus qu'fa vie, j'n'ai point eu piquié d'fa tendreffe.... j'l'ai trahie, abandonnée; all' eft morte, mon fils, & fi tu n'as pas d'mère, c'eft à moi feul qu'i faut le r'procher.

SAINT-ALME.

Qu'allois-je faire !... Ah ! malheureux ! qu'ai-je fait ?

LUCAS.

Vous vous attendriſſais !... Vous êtes bon père... Ah ! vous ſerais encore bon époux...

SAINT-ALME.

Je la perdrais !... Je cauſerais ſa mort ! Chère épouſe !... chère Julie !...

LUCAS & CATAU.

La v'là.

SAINT-ALME.

Dieu ! Julie !

JULIE.

Je viens te demander ma grace...

SAINT-ALME.

C'eſt à tes pieds que j'implore la mienne.... O la plus vertueuſe des femmes ! Vois ma douleur & mes remords : j'ai pu t'offenſer, j'ai pu concevoir l'idée de te trahir ! toi, que j'ai tant aimée, toi que j'aime, & que j'aimerai juſqu'au tombeau !.. Ma femme, mon amie, mon amante, pardonne-moi, pardonne ; c'eſt un moment d'erreur... je l'expierai par l'amour le plus tendre, par un amour qui ne finira qu'avec ma vie.

JULIE.

Eh! mon ami! doutes-tu de mon cœur? Il est....
il fera toujours à toi.

SAINT-ALME.

O ma chère Julie!... Mes amis, mon crime
me rend fi méprifable à mes yeux, que je n'ofe
les lever fur vous.

LUCAS.

Méprifab', quand on fe r'pent!

CATAU.

Méprifab', quand on porte un cœur fenfib'!

LUCAS.

Quand on eft bon père!

CATAU.

Quand on eft bon mari!

LUCAS.

On gagne à faillir comm' ça. Le r'mords ap-
prend l'prix d'la vartu.

SAINT-ALME.

Ah! foyons tous heureux!

JULIE.

Oui, foyons le à jamais... Je me charge de
votre fortune; vivez tranquilles, fans craindre

déformais la pauvreté... & nous partons dès demain pour Paris... Ne crois pas que ce foit l'effet de la plus légere défiance... mais j'ai tout entendu, & je te rends juftice : ce n'eft point à ton âge qu'il convient de végéter obfcurément dans le fond d'une Terre... Mon père ne me refufera point ; nous partirons...

SAINT-ALME.

O ma femme ! O ma plus tendre amie !

JULIE.

Va, je le fuis, & le ferai toujours.

FIN.

APPROBATION.

J'ai lu, par ordre de Monfieur le Lieutenant-Général de Police, *l'Erreur d'un Moment*, Comédie, & je crois qu'on peut en permettre l'impreffion. A Paris, ce 10 Juin 1773.

MARIN.

De l'Imprimerie de C. SIMON, Imprimeur de LL. AA. SS. Meffeigneurs le Prince de CONDÉ, & le Duc de BOURBON, rue des Mathurins.

AIR.

GUIL-LOT un jour trou-va Li-

set-te Au mi-lieu d'un Boc-ca-ge é-

pais; Je te ren-con-tre en-fin feu-

let-te, Et mes vœux fe-ront

fa-tif-faits. Don-ne-moi, lui dit-

il, Ber-ge-re; Don-ne-moi, lui dit-

il, Ber - gè - re, Ou laif - fe - moi pren-
un bai - fer. De mes feux c'eft le
doux fa - lai - re: Tu ne peux me le
re - fu - fer, Tu ne peux me le
re - fu - fer, Tu ne peux
me le re - fu - fer, Tu ne peux
me le re - fu - fer.

FIN.